A quienes se han sentido
madre alguna vez...

Impresión: Lulu.com
Depósito legal
   BI -1996-00
Registro de la Propiedad Intelectual
   Expte. núm. (BI) 6169-00

ISBN 1226475-1738791-5

José Antonio Sainz Nieto
(espacios, tiempos y acontecimientos)

Basauri, municipio fabril (Bizkaia), nace y vive en la misma casa del barrio Basozelai, 1.959-1.981.

Mendavia, municipio agrícola (Navarra), veranos de 1.959-1.981.

Galdakao, Olabarrieta, casa paterna (Bizkaia), 1.981-1.983.

Deusto, Universidad, Licenciatura en Derecho, 1.983.

Plentzia, municipio costero (Bizkaia), 1.983-1.986.

Barrika, municipio costero (Bizkaia), contrae matrimonio, 1.986.

Barrika, 1.986-1.996.

Bilbao, nace su primogénito, 1.992.

Plentzia, 1.996-1.997.

Getxo (Bizkaia), 1.997-1.998.

Bilbao, nace su segundo hijo, 9-6-98.

Cruces, Hospital, (Barakaldo) muere su esposa, Itziar Ansoleaga, como consecuencia del parto de su segundo hijo, 14-6-98.

Busturia (Bizkaia), veranos de 1.998 y 1.999.

Galdakao, Olabarrieta, casa familiar, 1.998-2.000.

Bizkaia, expone 120 acuarelas, 1999-2008.

Escribe "el secuestro de la voluntad" finalista en el Premio de Ensayo Gaspar de Jovellanos, Editorial Nobel, Oviedo, 2006.

Escribe varios poemas sueltos y actúa como rapsoda en El Boulevard de Bilbao.

Escribe, El secreto de Ptah.

Escribe "Sí a la vida", agotado, reeditado con el título de Canciones de cuna.2022.

Getxo, Bizkaia, reside actualmente(2022) en su casa desde 2.000.

Prólogo

A menudo el poeta que crea suele enfrentarse con el interrogante sobre sus fuentes.

En mi presentación no pretendo inhibirme de tan existencial preocupación. Sin embargo, la influencia de un sinfín de causas hacen que se difumine la verdadera realidad de los motivos últimos.

Si fuera necesario comprimir su causalidad, habría que hacer referencia, irrefutablemente, a la vida misma con toda la riqueza de los aspectos que el sentimiento producido al contactar con las cosas vivas e inertes aparentemente, se vuelcan en el alma de forma resplandeciente a veces y otras no tan brillantes, pero nunca indiferentes, así como con las personas que conocemos y hacen posible la universalidad de un sentimiento.

Mucho tiempo ha transcurrido desde que los primeros versos que alimentaran **Trébol con tallo de luz** y **Personas** me permitieran el anonimato secreto con el 'regocijo' de su creación:

("Todos los versos te diera,
si te sirvieran,
pero sabe el cielo
que con ellos sólo quiero vivir mis adentros")

Sin embargo, sería ciego igualar la sensibilidad en todas las etapas de la vida.

Cuando esta sensibilidad con aquel sentimiento, que se pretende fluida, manifiesta, plena en ocasiones y se intenta pura siempre, viene desgarrada por el duelo del ser más querido, se empaña el contenido que nunca se hubiera querido dejar escapar...

Pero surje al final de la negritud absoluta una brizna, una llamita de naciente vida que se refleja en la que deja quien se fue y de esta conjunción indisoluble, enemiga por esencia de toda exclusión al amor, nace un crecimiento imparable del espíritu que se plantea el propio camino como la última meta.

Incluso traspasa la línea, hasta ahora meridinamente clara, entre el desapercibimiento celosamente guardado y el acto más impúdico, en pugna interior y azarosa siempre, de darse a conocer literariamente que, en este caso, se hace con errores, méritos y medios, creativos y económicos, propios.Todo ello con la plena y querida consciencia de no acceder al tráfico del sistema cultural establecido y desprovisto de firmas 'valedoras' que, sin duda, hubieran volcado sus impresiones con mucho cariño en las páginas anteriores al poemario. Sin embargo, la libertad de creación, entendida siempre como acto de independencia irrenunciable, que se pretende como guía espiritual, corolario de toda unicidad personal, me anima a la publicación de un librito enteramente personal que se ofrece, como su contenido, salido plenamente del corazón.

Se incluyen algunas fotografías de espacios abiertos, especialmente vividos en la rutina privilegiada, diariamente extraordinaria y entrañable, de los últimos veinte años que, tangencialmente, también inspiran los dibujos y acuarelas que ilustran el poemario.

En este atrevimiento me han querido acompañar unos ritmos con evidente pretensión melódica (fácilmente musicables), que quisiera llamar personales , si no fuera porque, en este aspecto, todos recibimos influencias que, en muchos casos, serán fáciles de reconocer, y en rimas mayoritariamente asonantes y estructuras métricas variables no exentas de cierta intención de ruptura, una vez iniciadas, con una impronta tan visceral como el sentimiento que reflejan.

Pero, son esas palabras: sentimiento, adentros, alma..., las que más identifican la compulsión de unos versos que lejos de apuntar al entendimiento, al cerebro o a la lógica, ponen sus miras en personas sensibles, tan indeterminadas como valiosas en su individualidad y celosas de un sentimiento intelectual que se pregunta sobre sí mismas y su entorno y les llega al corazón,... a veces.

J.A.S.N.

Esto que te ofrezco, amiga mia,
no es prurito por el ansia
de escribir un invento,
es, más bien, el intento
de cómo pasar en mi vida
de un mazazo
a seguirla viviendo
y no es un para, sino un porqué
que, con tu venia, me reservo,
y si te gusta, yo, contento,
pero si no, perdona mi atrevimiento,
y no juzgues con severidad,
siquiera, aún sin conocerte,
por el mucho amor que mereces
y que yo para ti deseo.

Quisiera encontrar ahora,
bastante licencia santa,
para este otro decir con mi alma:

Vivo queriendo vivir en mi,
y de tal manera espero
que vivo porque no muero.

Son tales ganas de vivir,
las que para mi quiero,
que, no perderme ni un paso de ti,
me enseña el coraje que puedo,
que no mira el desistir,
pues el dolor, lejos de ser pasajero,
anida en el alma en secreto
y hace con ella sentir
que más puede lo bueno
que a la desesperanza rendir
el amor que siento.

Lejos de intimarlo lejano,
se acomoda en mi el pensamiento
de sentir igual que un niño
una vista, un sonido,
una caricia o un beso,
y no quiero dejar para más tarde
(si llega, llega, y si no, estoy sintiendo)
estar aquí, ahora,
en mi tiempo,
que no será ni frágil ni fuerte,
ni más grande ni pequeño,
ni grácil ni tormento,
pero quiere estarse haciendo
y según así viene,
está viniendo.

Unas veces lo hace el empeño,
otras, el desatino,
a veces, el desconcierto,
las más, estar atento,
y, a veces, el acierto,
pero siempre el respirar
y ser consciente de ello.

CANCIONES DE CUNA

"Podríais
despojarme de
mis divisas, sellos
y posesiones, pero
el tesoro más
valioso es sólo mio
cuando mi niño
duerme"

Verano

(A principios)

A ro ró, mi pequeñito,
que tiene mucho sueñito
y se va a dormir el solito,
a ro ró, mi pequeñito.

Que te pesan los ojitos
de llorar esta mañana,
cuando ama ya no estaba.

A ro ró, a ro ró,
a ro ró, mi chiquitín,
duermete en tu cunita,
en tu cuna de jazmines,
que tu madre no está sola,
le arullan los querubines.

Desde el cielo ya te acuna
y sus besos son tu nana,
que te manda con su pecho
y a tu corazón te canta.

A ro ró, a ro ró,
A ro ró, mi principito,
que el fuego ya se quema,
se queman todas las ramas,
las de árbol viejo y seco
y el humo queda hasta mañana.

A la nana, nanita, nana,
"pa" que mi nene descanse sereno
de la falta de caricias
de la mano de su ama.

A ro ró, a ro ró,
A ro ró, corazoncito,
duérmete mi principito.

Que los brotes ya han salido
y su verde se oscurece,
y su fruto ya está listo.

Que cuando despierta la mañana
los gorriones la cantan
y ahora están dormidos.

Yo te voy a traer uno
y en tu manita lo he sentido
tu corazón y el suyo
tan pequeños como ahora el mio.

Nana, nanita "pa" mi niño,
y las estrellas claras también,
donde está la más brillante,
donde le besa su madre.

Ya se apagan las luces,
ya la luna sale a velarte
y el faro de todos los barcos
sale para alumbrarte.

Y las luciérnagas te brindan
sus destellos para guiarte
con mi voz y nuestro pecho
que no dejan de mesarte.

Cuando llores y no veas
la luz de la mañana
escucha a un gorrión
y volverás a encontrarte.

Porque va en su cantar
el recuerdo de algo tierno
que le anima a tu padre.

Y cuando le veas volar
y que en su nido se cobije
nuestra casa sentirás
y los primeros pasos que diste.

Si te encuentras alguno
que, herido no encuentre a su madre,
dále un beso que te salga de dentro
que eso de mí recibes.

Y no dejes pasar el tiempo
sin curarle y echarle a volar
porque eso, ángel mio, aprendiste.

Sabes que cuando te paseo
te saludan los árboles y el cielo
y todos los pájaritos
también en revoloteo.

Sabes que cuando me llamas
acude mi mano y mi alma.

Y que cuando respiras
me lleno de alegría.

A dormir, chiquitito,
a dormir, pequeñín,
que la nana te acompaña
en tu viaje feliz.

Donde juegas con las olas tibias,
donde la hierba está templada,
el recodo es más llano
y las imágenes más vivas.

A la nana, nanita, nana,
que si viene por ventura
un sobresalto
retomes el momento sereno
y sin hacer falta tu llanto
te encuentres a gusto en tu aventura.

Que un día navegando
encontremos mil piratas dispuestos
y haciéndonos a la mar bravía
no se escape detalle en travesía.

Y encontremos islas de aguas verdes
y tesoros muchos,
aunque sé que tu corazón, cuando duermes,
es el mío mejor de todos.

A ro ró, a ro ró,
a ro ró, mi chiquitito,
descansa tu cabecita
en mis brazos dispuestos.

A ro ró, a ro ró,
a ro ró, mi pequeñito,
que vuelvo a la casa contento
y si te veo, lo malo pasa,
que me envuelves con tus alas
y no vivo
... si me faltas.

Todavía no hay margaritas
de pétalos grandes como me gustan,
cuando salgan
voy a hacerte con ellos una cunita
y también con amapólas
y geranios y arándanos
para que jueges con el amarillo,
los verdes, los rojos
y también con los blancos,
que te quiero de colores,
de cerca y los extraños,
que pinten tu cuadro,
tu cuadro sencillo y llano,
con los de arriba,
y sobre todo, los de abajo.

Que no falte el turquesa
si por la mar vas navegando,
ni el verde suficiente,
cuando estes esperando.
Pero lleva, cariño mio,
aunque te sobre de vez en cuando,
tu blanco de niño
si te ves pintando.
Que el negro es menos negro
o resalta más,
si se hace necesario,
y el rojo queda más atemperado.
Y cuando tengas pintado el cuadro,
principito, vuelve a pintarlo,
primero en una loma,
luego sobre el acantilado,
en la casa segura de tus sueños
y en la factoría de los asalariados,
vuelve a pintarlo en los pueblos
y en la mar y en los arbolados
y en las paredes y en los teatros
y en las minas y los sembrados.
Y cuando todos los hayas pintado
te preguntes enmarañado,
¿qué pinto yo pintando?
y no dejes de hacerlo
con estos colores que te regalo,
en tu cunita,
en tu sueño,...
...en mi regazo.

A ro ró, a ro ró,
A ro ró, mi chiquitito,
que muy pronto
muy prontito
se va a dormir el solito.

A ro ró , a ro ró,
a ro ró, principito,
ya la luna está en la cuna,
las estrellas, en lo alto.

Ya los barcos van a puerto,
los aparejos bien guardados,
los peces en cubierta,
esperando al mercado.

La cacea de la tarde,
poquito a poco han dejado
y la vuelta a casa
contentos la han tomado.

Porque después del almuerzo,
a bordo amontonados,
sin siesta, van cansados.

Y es que muy temprano,
rayando la noche alborada,
los pescadores a pescar han entrado,
con el cielo y las aguas de la mar
y mucha esperanza en los cedazos,
que, luego de haber picado – se dicen-,
en mi casa, mi mujer, está esperando.

Por eso cuando ya se divisa el muelle
que apenas es un punto en el horizonte,
se siente el cálido beso amante
y el abrazo de los niños alegres.

Y así, "pequeño gorrión",
un día y otro también,
se toman los colores
para pintar otro cuadro.

A ro ró, a ro ró,
a ro ró, mi chiquitito,
que la luna ya se duerme,
se duerme y te está mirando.

Para cuidar que no te falte
su luz blanca si estas soñando.

Y no le falte a las olas
su vaiven de voy y vengo
y refesque las plantas
del sol duro mañanero.

Que ya aprieta en los campos,
en los frutales y en los sembrados
que van madurando recios
para recogerlos un poco más tarde,
después de algunos riegos.

Cuando la desazón del labriego
termine de malos tiempos,
de pedrisco y aguaceros,
y de heladas de invierno.

Cuando ir al campo es una fiesta
y preguntarse por qué vienen tan contentos
se contesta: porque el fruto de sus sudores
ya ven granando.

Pero ahora queda tiempo,
cuidar el agua,
que acompañe el cielo,
mientras el rancho se reparte,
entre azadones y cestos
y algún niño viene
con los mayores risueño,
alegrando con sus voces,
sus sonrisas y sus botes.
Que no hay escuela ,
que otra escuela ha empezado,
la de la vida, la del asueto pequeño.
Y aquí, *"txurrín"* pequeño,
también están tus colores,
y hasta pinceles que pintan el viento.
Intenta hacerte con ellos,
que no se te escape ninguno,
que todos te digan algo,
que así los siento.
Y si no encontraras alguno,
busca un gorrión y estáte atento,
que cuando pía muy de mañana,
cuando la gente de campo duerme,
y enseguida se debe a la faena,
de su música se aprende
que la luz del día otorga
el tono que te sorprende.

Pero ahora queda tiempo,
cuidar el agua,
que acompañe el cielo.

Y no terminar nunca
de pintar el cuadro nuevo.

A ro ró, a ro ró,
a ro ró, mi chiquitito,
yo te doy la luna entera,
dáme tú ..., corazoncito.

Que las calles están vacias
y las luces quietas veo,
sólo algún caminar
del obrero que va en silencio.

En silencio y va corriendo,
que son las seis en poco,
y el relevo no perdona,
que la noche ha sido dura.

Un saludo y al tajo,
la colada no te espera,
y el calor, más vale olvidarlo.

¿Cuándo llega el pitído,
el resuello,
el bocadillo?

¿Qué harán mi esposa
y los chiquillos?

Hoy ha venido un joven nuevo,
¡qué ilusión!,
¿qué desatino?
-Ven "p´aquí", chaval,
que el bocadillo es sagrado,
¡sientate en el bidón
y tómate un trago!.
-Yo estudiaba Derecho
y no lo hacía mal del todo,
pero se murió mi padre
y hay que ganarse el garbanzo.
-Ten cuidado con las gruas,
la colada y los ganchos,
anda con mil ojos,
que el acero no perdona
si miras a otro lado.
-Gracias por el consejo,
que tomo con agrado,
espero vivir los años,
y tú los veas sano.

Y así se pasa el turno,
de calor...¡cansados!
¡si llegara el invierno a ratos!
¡si el convenio no fuera malo!
Pero suena el reloj que antaño
una sirena marcara el descanso
y la casa, al fin, espera
y abrazar los brazos.

Y así hasta mañana,
un día y otro,

¡a pintar otro cuadro!.

A ro ró, mi pequeñito,
Que tiene mucho sueñito
y ya está dormidito,
A ro ró, a ro ró, a ro ro,

mmm.....,mmm...,mmm...
mmm...,mmm...,mmm...

(A mediados)

Ah lo ló, ah lo ló,
ah lo ló, chiquitito,
yo te doy la luna entera,
dáme tú..., corazoncito.

Ah lo ló, ah lo ló,
ah lo ló, mi chiquitito,
que es tuya la lunita,
yo quiero tu sueñecito.

Ya estan durmiendo los mares,
ya duermen los montes,
y una llama de mi pecho
alumbra tu descansito.

Que los campos no estan verdes,
que las nubes son azules,
que los barcos más brillan,
y a tomillo huele tu frente.

Ah lo ló, ah lo ló,
ah lo ló, mi chiquitito,
toma tú la luna entera,
yo tengo tu corazoncito:

En los plieges de mi piel,
en mis manos y en mis sienes
y en mis ojos, para siempre.

Y lo veo por la playa, en el rio y por el monte,
en la ladera y en los cerros.

Y muy dentro, chiquitín,
en todos los corazones pequeños,
haciendo grandes
los mayores y viejos.

Ah lo ló, ah lo ló,
ah lo ló , mi chiquitito,
que ya duerme la lunita
en tus bracitos serenos.

Que las redes van a puerto
y los hombres contentos vuelven
que las redes van a puerto
Con los peces pescados.

Alguna nube pequeña
hoy el cielo ha nublado,
menos calor, -se agradece-,
en la cubierta del barco,
cuando a la espera de llegar al banco
un almuerzo necesario
prepara a las doce
el hombre su marmitako.
Algunos cuentan sus cuentos,
otros escuchan atentos,
en la mar el oleaje
anuncia lo inesperado.
Allí está el bonito bueno,
-echad las redes,¡al tajo!,-
ruedan poleas y estachas
y las voces van más alto.
-Se mueve mucho el barco
-En casa con zapatillas no hace falta el pescado.
Y vuelan los chubasqueros
y el as de guía para un apaño
-¡kontuz ona!-un garfio está pinchando,
va el aparejo de estribor
los peces van entrando
-¡ánimo, ya falta menos!-
el patrón... calmando,
y hasta el txo lo siente dentro
cuando van arriando.

Hoy ha habido suerte,
-Veremos mañana,
si el sol se mete.

Dejan las aguas atrás,
ahora más tranquilas,
aunque amenaza chubascos,
un cigarro acompaña entre las manos,
cuando se ve a lo lejos la luz,
la luz de casa,
la luz del faro.

Ya estan tranquilas las aguas,
y te mecen con su canto,
para que despiertes tranquilo
y no encuentren tu llanto.

Ah lo ló, ah lo ló,
ah lo ló, mi chiquitito,
yo te doy la luna entera,
dáme tú..., corazoncito.

Nanita, nanita, nana,
"Pa" mi nene que ya duerme,
que se arrulla en los corderos,
al mecer de los árboles
y de las hierbas de los cerros,
en las laderas, en las campas
y en los altos de los montes.

Que más clara está la luna
que algún día de nubarrones,
por si despiertas de noche
no te pierdas en la vuelta,
la que siempre está contigo,
la que siempre te espera.

A lo ló, a lo ló,
a lo ló, mi chiquitito,
yo te doy la luna entera,
dáme tú..., corazoncito.

Esta noche en la mar
muy quietas
están las aguas,
para mecer tu cunita
despacito, no te caigas.

A lo lejos se oye cantar,
la romería está acabando,
porque canta a la patrona
que también te está acunando.

Por la mañana, las campanas,
anunciaban el día grande,
las calles engalanadas,
y en la misa mucha gente.

La plaza está dispuesta
con manzanas, txakolí,
ristras de ajos y cebollas
y cestos de hurdimbre.
También huelen hortalizas,
chorizos, talo y pan
y buena miel de emjambre.
Hay muchas personas curiosas
haciendo la compra del día,
el queso hace las delicias
del más exigente comensal
y su vocerío se interrumpe
con los murmullos del frontón.
No muy lejos se ofrece
el partido de pelota
que llena los graderios:
¡Colorao, azul, colorao, azul!.
Se mezcla el griterío.
Ahora la cesta, mañana, la mano,
y entre polvo y esparadrapo
dos corazones poderosos,
sin dar respiro al contrario,
van sudando colosos,
los tantos queridos.
Que ya faltan pocos,
que la zaga falla,
que cae al txoko,
que no llega a la raya,
y el tumulto desespera,
la igualada va llegando,
que arriba ya no llega,
que la raya ha rayado.

Y al final de la contienda,
dos manos fuertes se aprietan,
un resultado es lo de menos,
lo de más, volver a vernos.

Los hombres del pueblo animan
Y van con camisa blanca,
la misma que en la misa,
ahora más arrugada,
se colocan las txapelas
y van a tomar unos potes ,
que hasta la hora de comer,
a comentar el partido,
unos vinos son la compañía,
los amigos,...la cuadrilla.

(A finales)

Nana, nanita, nana
Que mi niño ya se duerme,
más fresquito, más sereno,
mientras acaricio su frente.

A ro ró, rorrito nené nene,
que gateando en la luna
ahora de pie se te siente.

Ah lo ló, ah lo ló, "neninenete",
que te voy a traer un juguete,
de pan de azucar y flores celestes,
que la estrella más brillante te saluda
y el trigo te espera el verano que viene.

Ya los girasoles,
tornados de colores marrones,
alfombras te van formando
para que pises erguido tu cuerpo
y dejes los algodones,
anhelados por otros niños,
que suelen hacerse fuertes
cuando los han dejado,
para que fijes tu paso luego
en jarapas de estachas de barco
y en arcillas de monte descalzo
y si te costara arriarlo
o hay lugar al desfallo
que te prestan las manos las nubes
para que vayas galopando en los corazones,
poco a poco,
... paso a paso.

Canciones de cuna

"No hagais ruido al pisar
las hojas secas,
que ahora duerme y,
de donde viene, jugaba a
pegarlas en las ramas de
sus árboles"

Otoño

(Entrados principios)

ea, ea, ea, é,
ea, ea, ea, é,
ea, duerme, ea, é.

Aire, soplido,
más aire, viento,
que se pone gris el cielo,
grises la nubes,
en un día claro.

Y en este mismo día, lluvia,
gris de luz, luz de sol,
sol de viento,
aire, calor y fresco.

¿Dónde estaban los árboles
que sirven para tu cunita?,
¿Dónde el carpintero
los trabajó con sus manos?
...donde abrazas la noche
con cálida fuerza tus sabanitas.

Seguro que bamboleaban con el viento,
seguro que les piaron los gorriones.
Barrunto que los pintaron en un cuadro.
Pero el mayor valor que ahora poseen
es saberte dormido junto a ellos,
al cobijo de su madera fuerte,
que con tus manitas los haces también dulces,
en contraste entrañable
de tu ternura y sus raices.

Nene, nenito, nene,
que ya se duerme,
ee, nenito, ee,
...entre quereres.

Lolo, lolea, lolo,
lolea,lolo,lolea,
ea, ea, duerme, ea, é.

Dime tu color ahora, pequeño,
ahora que duermes quieto.

Si me dices: granate,
o todos los ocres,
te creo.

¿dónde estan tus piratas, tu navío, tu tesoro?
si me dices en mi puerto,
me muero.

Me muero de no caber
entre mi y mis anhelos.

Me muero de bien saber
tus colores en mi pecho
que salen de ti afuera
y los intimas dentro.

Porque para ver con los ojos
bastan los párpados abiertos.
Y en ti, tu corazón,
sólo los vive bellos.

"Txurrin", "txikinenete"
y mil maneras de llamarte,
todas pocas,
todas sobran,
"pa" decirte que me tienes.

Como se llama al día
para agradecerle
el anterior y el que viene.

Y todos y cada uno,
desde el primero,
hasta que quieren.

Ea, ea, ea, é,
ea, ea, ea, é,
ea, duerme, ea, é.

Lolo, lola, lola, lé,
lolo, lolea, lolea, lolé.

Madura el grano,
de cepa recia,
ya no en vano,
de uva agradecida.

Del sol atemperado,
de las manos su gracia,
trabajo de verano,
ahora pan del día.

Y van de todas partes,
a destajo las brigadas,
antaño arduo trabajo
de paisanos labradores.

Destos, los mayores,
de los jóvenes, pocos,
"p'agacharse" a los racimos.

Ahora, los jornaleros,
de pieles curtidas
y curtidas sienes,
con manos y frentes,
buscando un hueco
en estas gentes.

Ya la uva está en la cepa,
moradas multicolores,
ya cortados los racimos
para cargar las cestas,
con el peso de sus sudores.

Bendiga el cielo cada copa
de vino en cada mesa,
sin olvidar ni una gota
del esfuerzo de los hombres.

Nene, nenito, nene,
duerme el viento
y en aire vuelve
sin hacerse lluvia,
que no te despierte.

(Entrados mediados)

Ah ló, a ló, *"txurrin"*,
contigo estoy aquí,
ea, a ló, ahí,
mi chiquitín.

A ró, a ró, a ró,
se va haciendo mayor,
A ló, a ló, a ló,
mi corazón.

Ahora está durmiendo
y las hojas son de barro,
de barro marrón y verde,
de verde oscureciendo el claro,
con el aire también más recio,
con el viento casi pleno,
que amanece con lluvia,
suaviza al mediodía su empeño
y, tras el almuerzo, más repleto,
se hincha de nuevo en la tarde,
lluviosa da paso a la noche,
barruntando aguaceros,

que..no llegan,
...todavía no es enero,
aunque muchos días de invierno
parezcan de este tiempo
y haya en verano
peores que nos regala,
quizá haciendo gala
de ser el poderoso puente
entre el sol y la nieve.

Susu, susu, susú,
descansa, mi cielo,tú.

Ea, ea,ea,
"pa" mi niño
con la brea.

Ea, ea, ea,
si se pierde
"pa" que vuelva.

Nana, nana, nana,
levando anclas,
levando anclas.

Nana, nana, nana,
de hierro fundido...blancas.

Por la noche,...de mañana,
travesía inveterada,
al son de los rieles
al viento,
fresco, fuerte,
con su alma.

Recogido entre estachas,
pertrechado con el reflejo
de su cara,
penetrando en sus entrañas,
el aire y el agua.

¿hasta dónde llega el foque?
¿hasta dónde la mirada?
llegar allí y más lejos,
para volver mañana.

Y si yo no estuviera
o en el petate
algo te faltara,
cierra los puños fuerte,
y como una llamarada
recorra en tu pecho
toda la mar embravecida y su viento
para hacerte, pequeño,
el más invencible pirata.

Pirata de bandera blanca,
pirata de interior caricia,
pirata de apretón de manos
y de palabra.

Que tu cánon corsario
se gane con tu mirada
cuando quieras piratear
entre la maleza de los hombres
y la bondad de sus almas.

Que llevas el pabellón real
de la luz de la mañana,
y también de tu palabra
que cuando te salga de dentro
el que escuche, sienta sus entrañas.

Pabellón, pasaporte,
insignia, sello,
¿qué más da?.
Aférrate a tu corazón
y que nunca extrañe
el que ahora tienes.

Lo, lo , lo, lolea,
la ,la, la, lolea,
mi nene duerme
y también se despierta.

A lomos de su caballo,
de luz y plata,
de quijadas tersas,

¡que no se caiga!

¡que lleve las riendas!

Y cuando recorra la llanura,
y abreve en las riberas,
y suba galopando la sierra,
le bese el ocico de su nobleza,
para trotar de nuevo,
la espesura y la hierba seca,
los caminos empedrados...,
y los de tierra.

Para llegar al monte
y ver y oler el tomillo
y las flores silvestres
que se muestran más fuertes
y más gallardas
por los embates del viento,
por sus aromas
y sus semblanzas.

Acaso allí estuvieran siempre,
acaso nadie reparara
que sus raices
se aferran a la vida
en señal testiga
de su magnífica planta.

Regresa cuando trotes
entre hojas secas
de hayas
y trae en tu zurrón
las más humildes
que quiero adornar todas las sienes,
con colores de siempre.

Nana, nanita, nana,
"pa" que mi niño duerma,
ea, nanita, ea,
en su cunita fresca.

(A finales)

Nene, nenito, nene,
que ya se duerme,
que ya se duerme.

Nene, nenito, nene,
entre la nieve,
entre la nieve.

Nieve lejana,
nieve extraña,
nieve alegre,
nieve caliente,
nieve nueva,
nieve blanda,
nieve fuerte,
temprana y efímera, dulce nieve.

Solo en tu cuna de madera blanca
te acompañan el gorrión y su nido,
las montañas entre pinceladas,
a los colores agrestes asido,
no dejes de mirar con tu atino
al dibujo del norte en tu cabecera
que de día, el Sol, y de noche, la Polar,
guies tu barco si está el mar bravío.

Contigo me llega la mar más dentro,
como al poeta que pare su verso,
que yo le he visto,
agitándo su palabra con el viento,
en las crestas de las olas,
con su barco en el puerto,
que lo siento mio,
porque su palabra está llena
del soplido del aire,
del roce del agua salada en mi casco,
del remanso de su respeto,
y con él, cuando navego,
el horizonte y el cielo elevo
y allí te veo
como al poeta cuando pare su verso.

Que nadie te quite su letra,
ni un ápice de su pulso escrito,
porque es tuyo,
y también es nuestro,
de todos los que sientan,
al ver la mar,
palpitar una hoja de papel en sus adentros.

Si yo pudiera juntar las manos,
frotarlas en mi pecho,
levantarlas y crear tu cielo,
también haría nacer
la pluma viva y eterna
que nunca cesara de escribir
cada uno de los sentimientos
que haces sentir ,tú, tan pequeño,
y gritar, más alto imposible, en silencio:
¡Me has dado tanto!
sabiduría tierna,
que traes de donde vienes,
saber esperar,
dando los primeros pasos,
y ver todo llanto lejano,
lejano de todo llanto.

Y volvería con su tono
a los pies de tu cuna
a tararear con su voz
la nana más preciosa
anunciando el invierno.

Ah la nana, nanita, nana,
que va llegando,
se van metiendo,
la nieve en los senderos,
los árboles desnudos,
y no quiero que se me escapen
ni tú con ellos.

Nana, nanita, nana,
se va durmiendo,
nana, nanita, nana,
entre...silencios.

mmm..., mmm...,sssu..., sssu....

Canciones de cuna

> "No temais su
> fragilidad desnuda, pues
> es más fuerte que muchos
> adultos"

Invierno

(Comenzando)

leña,
fuego,
nieve,
viento,

tierra,

...sentimiento,

..nada,

si no te quiero.

Chinchirrinchín,
voy a traerte,
chinchirrinchin,
una lanita caliente,
chinchirrínchín,
de un corderito valiente.

Érase una vez un lobo
que tenía corto el rabo.
un día fue al bosque,
quería encontrar comida,
y se escondió entre los árboles.
pasó un corderito de lana blanca.
ya estaba dispuesto a saltar el lobo
cuando oyó una voz desde arriba:
eres un lobo de corto rabo
-un gorrión le decía-
si atrapas al cordero
mil pájaros te comeremos el resto.
desde entónces,
todos los inviernos,
se ven juntos
al corderito de lana blanca
y al gorrión acurrucado en su lomo.

mmm..., mmm...,sssió...,sssió...,
ya andas solo,
...ya vienes,
ahora, un pie,
ahora, el otro.

Estan desnudas las ramas,
secos los almendros,
enjutos los frutales,
mermados los arco iris,
y en mi corazón apacigüado: tú.

Que me da sosiego verte,
aprender tu sabiduria,
en mis manos sentir tu calor,
agradecer reir,
y en mi corazón apacigüado : tú.

Que respiro al verte venir,
oirte llamarme,
y, con mi nombre, a todo,
sintiendo todas las cosas nuevas
y en mi corazón apaciguado : tú.

Que, también por tu sueño, vivo,
y por sentir tu despertar,
que siempre es alegre,
trasforma mi morir
y en mi corazón apaciguado : tú.

Y en mi corazón apaciaguado: tú,
que, también por tu sueño, vivo,
que respiro al verte venir,
que me da sosiego verte,
y por sentir tu despertar.

""Drume", "drume", negrito,
que tu pápa está en el campo, negrito.
te va a traer muchas cosas para ti,
te va a traer carne de cerdo para ti,
te va a traer una mantita para ti,
y si el negro no se "dume",
viene el lobo blanco,
y "tas",
te come una patita,
"yay ca pumba, y ay ca pum""

Duerme, duerme,blanquito,
que no quiero cosas para ti,
que quiero lo que no se ve,
que quiero lo que no se pesa, para ti,
que quiero a tu hermanito negrito,
los dos para los dos,
que no venga ningún lobo para dormir,
que se fundan todas la manitas,
que no os falten unas mantitas,
...también para soñar,
en el día sólo de una sangre roja.

Chinchirrinchín,
una mantita te hace falta,
chinchirrinchín,
una estrellita te bajo, blanca.
Cinchirrinchín,
que te meza al calor
de tus ojitos de azul de mar
y de cielo.

Se recojen los pájaros en su nido,
los árboles se aferran a la tierra,
la mar embravecida más arrecia,
las casas tienen calor agradecido.
Con mazapanes y turrones
se adornan las cocinas,
algunas frutas saben amargas,
vuelven los villancicos
a festejar el nacimiento
y, entre bullicio de niños,
se dispone la cena,
haciendo un sitio especial
para el volver a vivir que siento,
ahora de otra manera,
porque veo en ti a todos los niños
y ninguno se cansa
de hacerme sentir tierno lo nuevo.

Será que el corazón me anima
o que mi alma no está lista
y necesito aprender
viviendo cada vez la vida,
pero en este camino
ya no es todo lo mismo,
ya no cabe la manida rutina,
no quiero que me veas dormido
si estar despierto se necesita.

A veces me atrevo a levantar la vista
y a mirar el final de los calendarios,
pero, tan pronto vuelvo mis ojos a ti,
y quiero vivir esa ráfaga de luz en tus ojos
azules,
pido que no se termine,
que me deje vivir el ahora
y así viene el luego,

con otro haz de sonrisa,
con sentir tu manita en mi pecho,
con estar las horas del día
viviendo cada momento.
Tú eres también mi regalo:
que aprehenda cada momento.
Y así en cada uno se vaya haciendo el
después,
no estar sintiendo ahora el más tarde,
estar con los hombres y mujeres
que en este instante me encuentro
y vivir cada palabra que digo
y también las que pienso,
y degustar cada intento
de querer vivir viviendo.

Cuando han venido los reyes magos
sólo veía un regalo.
no veía ni la leña,
ni el viento,
ni la nieve,
ni el fuego,
sino un sentimiento
que me dice no tener nada,
si no te tengo.

Y así se va pintando nuestro invierno
con tus balbuceos de pocas palabras,
tus pasos más fuertes y serenos,
aprendiendo a subir escaleras
que te devuelvan al cielo,
ahora mezclando los grises y blancos
y tomando al respirar las pinceladas,
queriendo poner en cada una
cada momento de vida.

" A Belén, chiquillos,
a Belén, pastores,
que ha nacido el rey
de los más pobres."

Estan la mula y el buey
dando calor al pesebre
donde está el niño rey
y le quieren los pastores.

Los pastores quieren ver
al niñito de Belén
y llevan en el zurrón
manteca y requesón.

Manteca y requesón
para dar calor al cuerpo
y cobijo a sus almas
el niñito y sus sonrisas.

El niñito y sus sonrisas
ven las gentes buenas
y a los que no le conocen
les llama por su nombre.

Les llama por su nombre
al día, la mar y al monte,
a cada animal y a su amo,
y les tiende la mano.

"A Belén, chiquillos,

a Belén , pastores,
que ha nacido el rey
de los más pobres"

Que no tiene cuna,
que no tiene casa,
le basta la luz del día
para dejar huella
en los que nazcan.

A Belén, chiquillos,
a Belén, pastores,
que ha nacido el rey
de los más pobres.

Está la estrella más alta
guiando también dos corazones
y los de tres reyes
con los de las buenas gentes ".

Poco a poco se aparta
para dar paso al nuevo amanecer
donde caben
tu mirada azul de ojos abiertos
tu sonrisa grande
por una carantoña pequeña
y cada gesto de hombre bueno
con sus nuevas intenciones
ahora que empieza a cambiar el tiempo.

Estoy viendo mezclar
tu figura con el agua del mar,
empaparte de salitre
en tus rizos y en tu piel,
nadando para acercar las orillas
y, así, cuando el tiempo cambie
y se vean florecer los árboles
llamar a las cosas con su nombre
(todavía las llamas con el mio
y me veo grande).

Chin, Chiquitín,
están los montes blancos
chin, chiquitín,
y llenos mis brazos,
chin, chiquitín,
de tu calor y tus abrazos.

Voy a traerte un arbolito,
pequeño, como tus manitas,
para verle crecer juntos
y que la nieve no seque,
por ver si algún día
su sombra nos de el descanso
que ahora tú respiras
y a mi me consuele.
Me consuele de no ser capaz
de alzar las manos
y al cielo llegar

para no escuchar los llantos,
ni el dolor, ni el olvido
ni la desazón, ni lo perdido,
sino, más bien, el amor
que me da, saberme tan querido
desde aquí y desde el infinito,
que me llena de gozo
al despertar
saberte compartido,
porque no creo en el amor
que hace partes,
sino en el que se expande
y da alegre motivo
de ver una brizna sembrar
al calor de un corazón sentido
y verlo multiplicar
de tal manera engrandecido
que, cada semilla siguiente
que nace, olvida al resentido
y, por más vicioso actuar
que tengas adquirido,
lo voltea hasta transformar,
lo malo podrido,
al enjuiciar en sólo amor sencillo.

Y eso que tú también me das,
querido angelito,
no tiene vuelta atrás,
y si la tiene
es para perdonar,
hallar la paz,
y salir fortalecido.

Chin, chiquitín,
voy a darte los colores,
chin, chiquitín,
del arco iris y los árboles,
chin, chiquitín,
ahora blancos y también verdes,
chin, chiquitín,
por sus raices y las nieves.

" "drume, drume", negrito,
que tu papa está en el campo, negrito.
te va a traer muchas cosas, para ti,
te va a traer chocolate, para ti,..."
te va atraer una mantita, para ti,
y si no te duermes, viene tu papito y ¡tas!,
te canta una nanita, para ti.

Nanita, nana, nanita,
que mi nene ya se duerme,
nanita, nana, nana,
con el sueñito que tiene.

Canciones de cuna

(En un huequito de mi alma, blanco, amarillo y verde podreis ver siempre una margarita de primavera).

"No cambio la primera margarita que me diste por la 'mejor' reputación"

(Primavera)

<u>Entrando</u>

**Xin, xilinxin,
cuando despiertas,
xin, xilinxin,
ventana de par en par,
abierta,
xin, xilinxin,
campanillas de colores,
xin xilinxin,
te cantan los ruiseñores,
xin, xilinxin,
mis quereres y las flores,
xin, xilinxin.**

Blanco, gris,
negro, marrón,

arco iris:
granate, violeta,
rojo, ...amarillo,

viento,

verde, azul,
la mar y el cielo.

naranja, rosa,
fucsia,

lluvia,

acuarela de colores,

casi tantos fuera
como los que llevo dentro.

Xin, xilinxin,
te levantas,
xin, xilinxin,
estas andando,
xin, xilinxin,
solito y estas atento.
xin, xilinxin.

¿ vienes conmigo al campo ?

Rosa, margarita,
cala, petunia,

nardo, tajetes,
jazmines,
amapola, claveles,

geranio, orquídeas
siemprevivas,
madreselvas,
hortensias,

flores del cerezo y almendros,
blancas,

violetas y naranjas,
rojas y amarillas,

y entre ellas,

pasteles,

vivas y chillonas,
suaves y 'aguavivas',
de pálidas a graves,
llenas amanecidas,
de luz clara, apetecidas,
por los ojos de las caras,
mustias y renovadas,
de sonetos de perfumes,
olorosas redondillas,
concierto de melodías,

casi tantas fuera
como las que llevo dentro.

Pétalos,
tallos endebles, verdes,
corolas rojas,
amapolas:

bambolean en las olas
del aire suave y frío,
junto a las hierbas, verdes,
espigadas, crecidas,
llegan a las nubes, blancas,
y las traspasan, al azul,
y se meten en el sol,... de luz.

Pistilos amarillos :
ovarios, estilos y estigmas,
margaritas:

frescas de lluvia,
gotas de rocío,
mañanas luminosas,
de azul celeste
de blancas calimas
y en amaceres rosáceos,
danzan la melodía
de amarillos,
blancos y verdes.

Pólenes verdes y blancos,
y rojos y amarillos,
sujetas de talle erguido,
manojitos de alegrías,
puñaditos de gloria
entre macetas
y campos,
en sinfonía.

Xin, xilinxin,
que estás viniendo,
xin, xilinxin,
corriendo,
xin, xilinxin,
pálpito, susto, ¡ay!
xin, xilinxin,
que no te llego.
xin, xilinxin.

¿ vienes conmigo a la ciudad ?

Hormigón,
amasigo de hierros y acero,

titanio,

cemento,
asislantes tejados,
curvilíneos rectos,
granitos,
tubos cobrizos,
asonantes ladrillos,
caravista, plomizos,
raseados,
puntiagudos y lisos,
despiadados,
desalmados,
convictos,
nuevos,
viejos,
flacos,
rollizos,
caros,
prohibitivos,
asexuados,
odiados,
atractivos,
denostados,
contemplativos,
ejecutados desprovistos,
recordados,
olvidadizos,
... inertes en movimientos inanimados.

Cauchos y motores
de chapa y aceites,
ruido y gases,
revoluciones,
luces,
frenos y embragues,
parones y acelerones,
sancionables,
poluciones,
inadministrables,
envidiables,
desdeñables,
nivelables,
oficiales abundantes,
comerciales,
industriales,
desgüazables,
imitables,
personales,
intrasferibles,
desmontables,
superables,
... movimiento por la calles de inanimados inertes.

Suburbano de railes,
adelantos audaces,
sosiegos volátiles,
atajos presurosos,
serenos trayectos,
ilegibles libros,
... inanimado movimiento rápido de un inerte.

Mujer, hombre, niño, personas,
todas,
altas,
bajas,
flacas,
gordas,
morenas,
rubias,
acompañadas,
solas,
ancianas,
niñas,
todas,
las quiero en movimiento vivo y animadas.

Qué brisa zafándose de la melancolia,
del invierno del frío ateridos,
ahora con tus aires revividos,
concertando la sangre en tus partituras,
regalando tu orquestada sintonía
de violines de acero y cemento,
de notas de luces en movimiento
de lluvias finas en faldas cortas y camisas,
en tránsito de railes en trenes y andenes,
desprovista de espartanas temperaturas
generosa de tus claridades y colores,
de atardeceres limpios para personas,
cosas de la ciudad y sus vaivenes.

xin, xilinxin,
dáme un besito,
xin, xilinxin,
mientras te peino,
xin, xilinxin,
tus rizos rubitos,
xin, xilinxin.

¿ vienes conmigo a la mar?

Te voy a enseñar,
cariño mio,
cómo entrar en la mar:
primero, mira hacia arriba,
al cielo,
¿ves su color gris azulado?,
después, siente sus vientos.
El de nordeste no es malo
si cuidas las corrientes.
Ahora, reverencia
siquiera con una mirada,
la estampa que sientes,
y que vaya en ese gesto
reconocerte pequeño
y tu deseo de hacerla más grande
contigo en su seno.

Y así, *chiquinenete*,
ya tienes ganado
tu bautizo salado
entre la arena y el salitre
de las olas rompientes
contra la playa y el muelle.

Pero, déjame seguir diciéndote
que elegir tu barco
es el segundo paso
lleno de ahnelos importantes.
Mírate sincero
qué puedes ser
y qué le ofreces
y te dará,
según los vientos,
ahora rápido,
ahora lento,
seguro de estribor,
trapo de popa,
espacio soñador
cortante proa,
pero si decides echar el ancla
asegúrate del firme
que a la deriva
el riesgo no es aventura,
sino descuidada derrota.

Y ahora, grumete,
el consejo más valioso:
cuando arrives a puerto,
como al hacerte a la mar,
cuida en todo momento,
de no perder el sendero
que te lleve a un cariño sincero
que la distancia alimente
y te deje surcar sus mares
de compañía, cuidados,
ternura, silencios y sueños
y no querer nunca dejar de surcarlos,
infinitos,...bellos.

xin,xilinxin,
nada toda la mar
xin,xilinxin,
nada todo su cielo
xin, xilinxin.
y si terminas,
xin, xilinxin,
empieza de nuevo,
xin, xilinxin,
te encontrarás,
xin, xilinxin,
contigo por dentro
xin, xilinxin
y es esa mar,
xin, xilinxin,
universo.

¿ Vienes conmigo al concierto ?

De esta otra música cuando te veo,
es lo que siento,
me llega del corazón
y me traspasa el cerebro
y no acierto a distinguir
si soy yo el que la crea
o sale de ti y me llena,
pero la oigo por todas partes,
incluso sus silencios,

Nana, nanita, nana
ee, nenito, nene,
que comienza,
Lo lo, lolito, lo lo,
entre respirar
y tararear
me pasa el tiempo.

Se oye el *violín* primero,
Xin, xilinxin,
Suave, despacio, entrando
Xin, xilinxin,
Acariciando
Xin, xilinxin,
Alejándose su lamento.

Ea, ea, ea, e,
ea, duerme, ea, é.

Ahora arrulla el *chello*,
Ssuu, ssuu, ssuu,
mece el viento
Ssuu, ssuu, ssuu.

Venga el susurro del *saxo*
fuu, fuu, fuufuu,
templando el *tempo*,
fuu, fuu, fuutuu.

Que también quiero el acordeón
Titu, tiituu, meemuu,
ensanchando el fuelle,
Mee, muu, muu, mee,
como el corazón alegre,
acoplando el primer terno.

Y un montón de voces blancas,
las pequeñas, las llanas,
mmm, mmm, mmamma,
dejádlas solas, enteras
y las entrecortadas.
Que lo llenen todo
con sus ojos risueños,
despertando nuestras almas.

Pero que se sientan arropadas,
de tenores, barítonos y bajos,
sopranos y contraltos,

Siii, siii,siiiiii,
Sioo,sioo,siiiooo,
Ssooo, ssooo, soooooo,
Suuu, suuu, suuuuuu.

(Y si ahora entra el órgano
y nos deja un espacio
para tomar respiro
y seguir cantando,
Fuu, fuufuu, fu,fuuu) .

No estamos todavía bastantes,
queremos que esten todos,
trombas, violas, arpas, pianos,
flautas, gargantas y corazones.
Si conoces a otros
que quieran cantar,
suele bastar un chasquido
o ponerte a silbar.

Y seguir el ritmo del corazón:

Pumpum, pumpum,
Vivo,
Pumpum, pumpum,
Siento,
Pumpum, pumpum.

Para estallar juntos
cielos, tierras, mares
arcoiris, flores, fuegos,
voces, instrumentos:

Xin, xilinxin,
no es sólo pasar,
xin, xilinxin,
lo que quiero para mi,
xin, xilinxin,
que quiero sentir,
xin, xilinxin,
tu corazón en el mio
y poder decir,
xin, xilinxin,
Sí a la vida,
xin, xilinxin,
xin, xilinxiiiin.

www.ingramcontent.com/pod-product-compliance
Lightning Source LLC
Chambersburg PA
CBHW081057170526
45166CB00006B/2093